河南省革命老区
振兴发展促进条例

河南省人大常委会法制工作委员会
河南省老区建设促进会 编

河南人民出版社

图书在版编目(CIP)数据

河南省革命老区振兴发展促进条例 / 河南省人大常委会法制工作委员会，河南省老区建设促进会编． — 郑州：河南人民出版社，2021.12
 ISBN 978-7-215-12974-0

Ⅰ．①河… Ⅱ．①河… ②河… Ⅲ．①革命纪念地-区域经济发展-条例-河南 Ⅳ．①F127.61

中国版本图书馆 CIP 数据核字(2021)第 269871 号

河南人民出版社 出版发行

（地址：郑州市郑东新区祥盛街27号　邮政编码：450016　电话：65788066）
新华书店经销　　　　　河南瑞之光印刷股份有限公司印刷
开本　890毫米×1240毫米　　　　1/32　　　　印张　2
字数　32千字
2021年12月第1版　　　　　　　　2021年12月第1次印刷

定价：10.00元

目　　录

河南省第十三届人民代表大会常务委员会公告 ……… 1

河南省革命老区振兴发展促进条例 …………………… 3

关于《河南省革命老区振兴发展促进条例(草案)》的
　　说明 ………………………………………………… 19

关于《河南省革命老区振兴发展促进条例(草案)》
　　审议修改情况的报告 …………………………… 27

关于《河南省革命老区振兴发展促进条例(草案)》
　　审议结果的报告 ………………………………… 31

为革命老区插上腾飞翅膀
　　——河南省人民政府新闻办公室就颁布
　　《河南省革命老区振兴发展促进条例》
　　举行新闻发布会答记者问 ……………………… 35

河南省第十三届人民代表大会常务委员会
公　　告

第 63 号

《河南省革命老区振兴发展促进条例》已经河南省第十三届人民代表大会常务委员会第二十六次会议于 2021 年 7 月 30 日审议通过，现予公布，自 2021 年 10 月 1 日起施行。

河南省人民代表大会常务委员会

2021 年 7 月 30 日

河南省革命老区振兴发展促进条例

(2021年7月30日河南省第十三届人民代表大会常务委员会第二十六次会议通过)

目　录

第一章　总则
第二章　基础设施建设
第三章　产业发展促进
第四章　公共服务保障
第五章　生态环境保护
第六章　红色基因传承
第七章　保障监督机制
第八章　法律责任
第九章　附则

第一章 总　　则

第一条 为了促进革命老区振兴发展，弘扬革命老区精神，传承红色基因，把革命老区建设得更好，让老区人民过上更好生活，根据有关法律、行政法规的规定，结合本省实际，制定本条例。

第二条 本省行政区域内促进革命老区振兴发展的相关活动，适用本条例。

本条例所称革命老区，是指土地革命战争和抗日战争时期，在中国共产党领导下创建的革命根据地。具体名录以省人民政府根据国家有关规定和我省革命老区的实际情况确定并公布的为准。

本条例所称重点革命老区，是指纳入国家革命老区规划范围内的大别山革命老区、太行革命老区。

第三条 促进革命老区振兴发展应当坚持统筹规划、重点扶持、精准施策、分类推进的原则。

第四条 建立健全党委领导、政府负责、部门协同、社会参与和自我发展相结合的革命老区振兴发展机制，统筹推动革命老区高质量发展。

第五条 省人民政府应当加强对革命老区振兴发展工作的领导，将革命老区振兴发展纳入相关规划，建立健全革命老区振兴发展协调保障机制，统筹解决革命老区振兴发展中的重大问题。

设区的市、县（市、区）人民政府应当履行促进革命老区振兴发展主体责任，制定革命老区振兴发展相关规划的实施方案，整合各类资源促进革命老区振兴发展。

第六条 县级以上人民政府发展改革部门作为革命老区振兴发展工作主管部门，负责组织协调本行政区域内革命老区振兴发展促进工作。

县级以上人民政府其他有关部门应当按照职责分工，做好革命老区振兴发展促进相关工作。

第七条 在革命老区振兴发展中，应当充分发挥各级老区建设促进会党政高参、推动发展的重要作用。

发挥河南省老区建设基金会等社会公益平台作用，为革命老区人民办实事谋利益。

第八条 国有企事业单位应当按照国家和省有关规定，根据自身优势，在资金、项目、人才、技术等方面支持革命老区振兴发展。

支持社会力量通过投资开发、产业共建、科技推广、文化教育、人才培养、捐资捐助等各种途径和方式，支持革命老区振兴发展。

第九条 革命老区应当发挥自身优势和潜力，增强自我发展能力。

鼓励支持大别山、太行重点革命老区建设区域中心城市。

第十条 报刊、广播、电视等新闻媒体和网络等新媒体应当开展革命老区公益宣传,营造全社会关心支持革命老区振兴发展的氛围。

第十一条 县级以上人民政府应当按照有关规定对促进革命老区振兴发展作出突出贡献的单位和个人给予表彰和奖励。

第二章 基础设施建设

第十二条 县级以上人民政府应当通过统筹财政资金、政策性贷款等资源,加强革命老区基础设施建设。

第十三条 省人民政府应当将革命老区能源、水利、应急、交通运输、信息通信等基础设施项目纳入相关规划,并在年度资金安排中给予优先支持。

省级财政应当逐步加大对革命老区转移支付支持力度,支持地方政府债券用于符合条件的公益性项目建设,支持干线铁路、高速公路、干线公路、机场、航道码头、物流工程、水利工程、生态环境保护等重大项目建设。

对病险水库除险加固、农村饮水安全、大中型灌溉渠配套与现代化改造、生态建设等公益性建设项目,应当按照规定免除革命老区县级配套资金。

第十四条　省人民政府交通主管部门应当加强革命老区交通基础设施建设，统筹革命老区重大交通基础设施布局，形成综合交通体系，推进城乡交通一体化建设。

县级以上人民政府应当优先支持革命老区农村公路升级改造，加大革命老区农村公路补助力度，实施公路通村入组工程，优化农村客运运营模式，发展农村公交客运，提升农村客运服务水平，改善革命老区农村交通条件。

第十五条　县级以上人民政府应当支持革命老区因地制宜发展水能、太阳能等清洁能源，加快推动电网建设，为革命老区提供低碳稳定的能源保障。

电网经营企业应当加强革命老区电网建设，为可再生能源发电提供上网服务。

第十六条　县级以上人民政府应当加强革命老区饮用水安全、水旱灾害防治、农田灌溉等水利工程建设，构建中小河流治理、病险水库除险加固和山洪灾害防治等兴利除害的水利保障网络。

第十七条　县级以上人民政府应当支持革命老区加强信息通信基础设施建设，因地制宜在革命老区布局新一代通信网络设施，保障通信网络畅通。

省、设区的市人民政府应当培育和壮大革命老区电子商务市场，推动农产品网络销售，建设智慧电商物流园区，打造区域性网购商品集疏分拨中心，拓宽革命老区人民增收渠道。

第十八条 县级以上人民政府应当支持革命老区加强市政设施建设，补齐市政基础设施短板，推动城镇老旧小区改造，改善革命老区人民居住条件。

第三章 产业发展促进

第十九条 县级以上人民政府应当支持革命老区因地制宜发展特色优势产业，从政策引导、项目安排、要素配置和财政支持等方面对革命老区产业发展给予重点支持，对在革命老区投资兴办的企业落实财政、金融、土地等优惠政策，增强革命老区发展内生动力。

第二十条 省人民政府相关主管部门管理的产业类和创新类发展专项资金应当优先支持革命老区。

省产业发展类政府投资基金应当对革命老区符合条件的产业项目，给予优先支持。

省人民政府应当结合工作需要，统筹利用现有基金支持革命老区山区县和条件相对落后的县（区）产业发展和转型升级，支持企业科技创新和技术改造等。

第二十一条 省人民政府应当优先支持革命老区产

业园区提质增效，拓展空间，提升配套服务功能；优先支持重点革命老区创建国家级和省级高新技术产业开发区、经济技术开发区、创新研发基地等。

第二十二条　省人民政府应当支持革命老区提升传统产业、培育新兴产业、布局未来产业，建设食品加工、纺织服装、生物医药、节能环保装备、电子信息、新能源新材料、家居等特色优势产业集群，推动大型项目、重点工程、新兴产业在符合条件的前提下优先向革命老区安排。建立革命老区重大项目审核绿色通道，加快核准审批进程。

支持革命老区建设承接产业转移示范区、特色商品交易中心等。

第二十三条　省人民政府应当利用省文化旅游融合发展基金，支持革命老区创建国家级风景名胜区，推动乡村旅游集中连片发展，打造老家河南精品民宿品牌，支持康养产业发展，鼓励创建全域红色旅游融合发展示范区。

第二十四条　县级以上人民政府应当支持革命老区发展现代特色农林业，推动绿色食品、有机农林产品产业化发展，推进地理标志产品登记保护；鼓励特色农林产品龙头企业建设示范基地，促进茶叶、油茶、花卉、花椒、林果、中药材等特色农林产业发展；鼓励电商企业与革命老区共建农林全产业链加工、物流和交易平台。

第二十五条 支持革命老区发展职业教育和职业技能培训，健全完善创业培训、创业担保贷款、创业孵化、创业辅导等创业扶持体系；支持农民工返乡入乡创业，并落实相关补贴政策。

第四章 公共服务保障

第二十六条 省人民政府应当加快革命老区城乡融合发展，推动城市公共服务设施向农村延伸，逐步改善革命老区教育、文化、卫生等公共服务。

省人民政府应当加大财政转移支付支持力度，支持地方政府债券用于符合条件的公益性项目建设，推进革命老区基本公共服务优质均等化发展。

鼓励采用政府和社会资本合作、政府购买服务等模式，提升革命老区基本公共服务供给质量和效率。

第二十七条 县级以上人民政府应当加大对革命老区的教育投入，优化教育资源配置，推进革命老区教育的信息化、现代化，改善革命老区办学条件。

县级以上人民政府应当加强艰苦边远地区教师生活保障，改善中小学寄宿生生活条件，落实义务教育家庭经济困难学生生活补助政策，实施农村义务教育学生营养改善计划。

鼓励高等院校与革命老区合作共建，发展职业技术教育和各类技能培训；鼓励社会资本在革命老区捐资办学。

第二十八条 推进革命老区县（市、区）公共图书馆、文化馆、体育场所等公共设施建设与维护，支持乡镇文化站、群众性健身设施建设。

第二十九条 省、设区的市人民政府应当加强革命老区卫生服务体系和公共卫生防疫救治能力建设，鼓励一流医院与革命老区医院开展对口帮扶，共建医疗联合体，完善革命老区县、乡、村三级医疗卫生服务网络。

第三十条 县级以上人民政府应当逐步提高革命老区社会保障水平，加强社会保障体系建设，完善革命老区社会救助体系。

鼓励社会资本在革命老区投资建设养老基础设施。

县级以上人民政府应当落实国家优抚政策，落实符合条件的在乡退伍红军老战士、在乡西路军红军老战士、红军失散人员、烈士老年子女的优抚待遇。

第五章　生态环境保护

第三十一条 县级以上人民政府在革命老区振兴发

展工作中应当加强生态环境保护，促进革命老区振兴发展和生态环境保护、民生保障相互协调。

第三十二条 县级以上人民政府应当统筹推进革命老区山水林田湖草沙一体化保护和修复，优先支持革命老区实施天然林保护、公益林管护、水土流失防治、湿地保护、矿山环境治理等重点生态工程，在革命老区符合条件的地方建设国家绿色发展示范区。

第三十三条 县级以上人民政府及其有关部门应当在革命老区严格落实生态环境分区管控要求，优化空间开发保护布局，推动产业集聚高质量发展，严格执行产业环境准入规定，遏制高耗能、高排放项目违规发展，鼓励绿色低碳产业发展，支持革命老区工业企业推进智能化改造、绿色化改造和新技术改造。

第三十四条 省人民政府应当建立健全森林资源、水资源、流域环境等重点领域生态补偿制度，优先将符合条件的革命老区纳入生态补偿范围，逐步加大对革命老区重点生态功能区的生态补偿力度。

支持有条件的革命老区积极参与碳排放交易市场。

第三十五条 省、设区的市人民政府应当统筹安排农村人居环境整治等补助资金，优先支持革命老区改善农村人居环境。

各级人民政府应当加强革命老区农村人居环境整治，

建立政府、村级组织、企业、农民等各方面参与的共建共管共享机制，推进村容村貌提升，推广卫生厕所和垃圾分类，推进污水处理，消除黑臭水体，建设宜居环境。

第六章　红色基因传承

第三十六条　各级人民政府负责本行政区域内红色文化和红色资源的保护传承工作，将红色文化保护传承纳入国民经济和社会发展规划。

县级以上人民政府应当支持建设、改造、提升革命博物馆、革命纪念馆等场馆，支持革命遗址、旧址和烈士陵园的修缮养护。革命老区转移支付资金中用于革命博物馆、革命纪念馆等场馆和烈士陵园的改造提升，以及革命遗址、旧址的修缮养护等资金应当专款专用。

省人民政府设立的文物保护专项补助资金应当向革命博物馆、革命纪念馆的改造提升和革命遗址、旧址的修缮、养护倾斜。

第三十七条　县级以上人民政府应当加强红色文化宣传教育，将革命故事纳入中小学教育活动的内容；支持革命老区建设红色文化教育培训基地，加强党史教育，传承弘扬革命老区精神。

鼓励中小学生、大中专学生到红色教育基地开展学习教育。

第三十八条 建立革命老区红色基因传承人制度。红色基因传承人从革命后代、家属和长期从事红色文化传播等人员中评选产生，负责革命老区红色文化传播、红色故事宣讲等工作。

县级以上人民政府应当定期评选表彰对红色基因传承做出突出贡献的单位和个人。红色基因传承工作经费纳入县级以上人民政府财政预算。

第三十九条 县级以上人民政府应当支持革命老区立足红色文化和绿色生态资源，打造红色旅游景区和线路，完善红色旅游配套设施，指导旅游企业宣传、推介具有红色文化特色的旅游产品，推动红色旅游高质量发展。

第四十条 各级人民政府应当选择一批红色文化鲜明、旅游基础较好的乡村，打造红色文化旅游乡村，推动革命老区乡村振兴。

第七章　保障监督机制

第四十一条 省人民政府应当建立革命老区振兴发展长效机制，做好巩固拓展脱贫攻坚成果同乡村振兴的有效衔接，促进革命老区经济社会高质量发展。

第四十二条　省人民政府应当建立促进革命老区振兴发展财政投入增长机制，统筹利用相关专项资金，逐步加大对革命老区的支持力度。

省人民政府相关部门应当设立大别山革命老区高质量发展基金，支持重点革命老区振兴发展。

省级财政按照规定在一定期限内每年在革命老区转移支付中单列大别山和太行革命老区振兴发展资金并逐年增加，建立促进重点革命老区发展的财政稳定投入机制。

第四十三条　省人民政府应当建立健全信贷资金投向革命老区的激励机制，推动金融机构加大对革命老区的支持力度。

鼓励股份制银行在重点革命老区设立分支机构。

第四十四条　各级人民政府应当严格落实国家税收优惠政策；对在重点革命老区投资兴办的企业，按照规定给予土地供给、规费减免等优惠政策。

第四十五条　省人民政府及其有关部门应当支持革命老区所在地的设区的市、县级人民政府及有关部门结合国土空间规划编制工作，合理调整城乡建设用地规模和城镇开发边界，对重大基础设施、重大产业项目和重点民生项目加大用地保障力度；将革命老区纳入省级国土空间规划特别振兴区名录，在安排年度新增建设用地计划指标和土地整治、生态修复等项目时向重点革命老区倾斜。

第四十六条　省人民政府应当定期选派高校、科研院所中的专业技术人才到革命老区开展服务，通过科技项目、课题合作、技术研发、成果转化、文化旅游指导等方式，帮扶革命老区加快发展。

第四十七条　县级以上人民政府应当完善革命老区人才引进、培养、使用和激励机制，加大革命老区与发达地区干部、教师、医生和科技人员交流工作力度，鼓励科研人员等社会力量到革命老区创新创业。

第四十八条　省人民政府应当建立跨区域合作平台，健全区域合作共建机制，统筹安排省内经济发达地区与重点革命老区通过产业共建等，提升革命老区自我发展能力。具体办法由省人民政府制定。

第四十九条　省人民政府及发展改革等有关部门应当加强组织领导，建立对口帮扶机制，明确责任分工，强化绩效评估导向，在开展试点示范和安排补助时对重点革命老区给予倾斜支持。

第五十条　监察机关和审计、财政部门应当根据各自职责，对革命老区振兴发展工作及资金使用情况进行监督。

第五十一条　革命老区所在地县级以上人民代表大

会常务委员会、乡（镇）人民代表大会主席团应当定期听取和审议本级人民政府促进革命老区发展的专项工作报告，将促进革命老区发展作为监督检查的重要内容。

第八章　法律责任

第五十二条　违反本条例规定，法律、行政法规已有法律责任规定的，从其规定。

第五十三条　违反本条例第三十三条规定，在革命老区内违反规定引进、审批高耗能、高排放项目的，由上级人民政府及其有关部门责令改正；情节严重的，对相关责任人依法给予处分。

第五十四条　违反本条例规定，不履行帮扶义务的，责令限期改正；情节严重的，对相关责任人依法给予处分。

第五十五条　各级人民政府及有关部门的工作人员，违反本条例规定，在革命老区振兴发展促进工作中玩忽职守、滥用职权、徇私舞弊的，由其所在单位、上级主管部门或者监察机关依法给予处分；构成犯罪的，依法追究刑事责任。

第九章　附　　则

第五十六条　本条例自 2021 年 10 月 1 日起施行。

关于《河南省革命老区振兴发展促进条例（草案）》的说明

——2021年5月26日在河南省第十三届人民代表大会常务委员会第二十四次会议上

河南省人大常委会法制工作委员会主任　王新民

主任、各位副主任、秘书长、各位委员：

受主任会议委托，省人大常委会法制工作委员会起草了《河南省革命老区振兴发展促进条例（草案）》（以下简称《条例（草案）》）。现将有关情况说明如下：

一、制定《条例》的必要性

河南是有着光荣革命历史的红色热土，是革命老区较为集中的重要省份之一。在长期的革命斗争中，我省革命老区人民在中国共产党领导下，发扬大无畏革命精神，为了民族独立解放、新中国诞生付出了巨大牺牲，作出了重要贡献。在中国共产党成立100周年之际，为了铭记革命老区作出的牺牲和贡献，发扬革命老区的光荣传统，通过制定《条例》促进革命老区振兴发展，让革命老区人民过上更好生活，具有十分重要的意义。

第一，制定《条例》是贯彻落实习近平总书记"两个更好"重要讲话精神的迫切需要。党的十八大以来，以习近平同志为核心的党中央高度重视革命老区工作，对革命老区扶贫开发、振兴发展等作出一系列重大部署。2019年9月，习近平总书记在我省大别山革命老区视察时强调，我们绝不能忘记革命先烈，绝不能忘记老区人民，要把革命老区建设得更好，让老区人民过上更好生活。为了贯彻落实习近平总书记重要讲话精神，尽快制定一部我省促进革命老区振兴发展的地方性法规，是非常有必要的。

第二，制定《条例》是贯彻落实省委促进革命老区振兴发展重大决策部署的迫切需要。省委一直对我省革命老区振兴发展工作高度重视。为落实习近平总书记重要讲话精神，去年5月省委、省政府联合印发了《中共河南省委河南省人民政府关于贯彻落实习近平总书记视察河南重要讲话精神支持河南大别山革命老区加快振兴发展的若干意见》。为落实省委关于促进我省革命老区振兴发展的重大决策部署，将党言党语变成法言法语，制定一部推动革命老区振兴发展的地方性法规也是十分必要的。

第三，制定《条例》是解决我省革命老区振兴发展中存在问题的迫切需要。近年来我省革命老区建设取得了巨大成就，但由于自然及历史等因素影响，部分革命老区经济发展仍然比较落后，亟待加大扶持力度。同时，在革命老区工作中还存在落实支持革命老区振兴发展政策不够到位、基础设施和公共服务不够完善、保障措施不够有力等问题，有必要通过制定《条例》，支持革命老区在乡村振兴的新发展阶段，经济社会再上新台阶。

二、起草过程

省委、省人大常委会高度重视革命老区的立法工作，今年年初将《条例》的制定列入了2021年度地方立法计划的审议项目。之后，由省人大常委会法工委牵头成立了立法工作组，省老促会会长刘春良同志担任组长，省人大常委会办公厅、法工委、省发改委、省文化和旅游厅、省老促会等有关单位领导和同志及相关专家学者共同参与条例的起草工作。同时，为了加快推进《条例》立法进度，我们采用委托起草的方式，委托我省立法基地法学会和河南省金学苑律师事务所提前草拟《条例（草案）》初稿。3月上旬，法工委、省老促会和河南省金学苑律师事务所赴福建、广东深入学习考察革命老区的立法经验。3月下旬，立法工作组在基层立法联系点永城市封闭一周时间，在起草稿的基础上，根据国家有关法律法规，结合我省实际，形成了《条例（草案）》；同时充分发挥立法联系点接地气、汇民智的作用，邀请永城市人大有关人员以及熟悉革命老区工作的同志参与到法规的起草工作中。之后，将《条例（草案）》印发各省辖市、部分县（市、区）人大常委会，省委组织部、省政府办公厅、省发改委、省财政厅等省直有关单位，省人大常委会基层立法联系点、立法基地等120多个部门和单位征求意见；同时在省人大官网、大河网等面向社会征求意见。4月中旬，赴大别山重点革命老区深入开展立法调研，在信阳市召开座谈会征求意见，并在新县、商城县实地调研，了解革命老区振兴发展中需要解决的突出问题。4月22日至24日在商城县与革命老区的干部群众一起，根据各方面反馈的300余条意见及调研中反映比较集中的问题，研究修改《条例（草案）》。

5月6日、7日，分别召开立法起草工作组全体会议和法工委办公会对《条例（草案）》进行研究。根据大家关注的配套资金、专项资金等问题，于10日下午赴省财政厅召开专题会议，对这些问题进行研究论证，形成一致意见。根据大家意见，对《条例（草案）》又进行了修改。5月17日，法工委将《条例（草案）》的起草情况和有关问题向主任会议作了汇报，主任会议决定将《条例（草案）》提请省人大常委会本次会议审议。

三、《条例》需要说明的主要问题

《条例（草案）》共9章56条，分为总则、基础设施建设、产业发展促进、公共服务保障、生态环境保护、红色基因传承、保障监督机制、法律责任、附则。现将《条例（草案）》中的主要问题说明如下：

第一，关于《条例》的适用范围。根据1979年经国务院批准印发的《关于免征革命老根据地社队企业工商所得税问题的通知》和《中共河南省委、河南省人民政府关于加快革命老区发展全面建设小康社会的意见》（豫发〔2014〕12号），《条例（草案）》在第二条第二款明确："本条例所称革命老区，是指土地革命战争和抗日战争时期，在中国共产党领导下创建的革命根据地。"目前，我省革命老区县（市、区）共120多个，占全省县（市、区）总数的76%以上。由于我省老区覆盖范围比较广，部分革命老区经济社会发展已跻身全省前列，因此，《条例（草案）》在对革命老区振兴发展予以普惠促进的同时，对大别山、太行山重点革命老区在资金项目、基础设施、对口帮扶等方面给予更多倾斜。

第二，关于振兴发展格局。《条例（草案）》在第四条明确了："建立健全党委领导、政府负责、部门协同、社会参与和自我发展相结合的革命老区振兴发展机制。"促进革命老区振兴发展，一是要坚持党委领导，将党委关于革命老区振兴发展的重大决策部署落实到具体的工作中；二是要政府负责，在第五条对省政府以及市、县

（市、区）政府的具体职责予以明确；三是要部门协同，在第六条明确了发展改革部门是革命老区振兴发展工作主管部门，其他有关部门按照职责分工做好相关工作；四是要社会参与，在第七条、第八条明确了老促会、国有企事业单位、社会力量等，共同推进革命老区振兴发展，形成支持老区发展的强大合力；五是要自我发展，在第九条明确了革命老区应当发挥自身优势和潜力，增强自我发展能力。

第三，关于基础设施建设。基础设施建设一章突出基础设施建设对革命老区振兴发展的支撑作用，提高革命老区基础设施均衡通达程度，重点对加强革命老区交通、能源、水利、通信等方面的基础设施建设予以规定。同时，《条例（草案）》在第十二条明确规定，省级财政应当逐步加大对革命老区转移支付、地方政府债券支持力度，支持干线铁路、高速公路等重大项目建设。

第四，关于产业发展促进。推动革命老区经济高质量发展，必须牢牢把握产业发展这条主线，聚焦特色产业发展，着力推进产业转型升级，提高经济发展质量和效益。在产业发展促进一章中，明确了县级以上人民政府应当支持革命老区因地制宜发展特色优势产业，省人民政府应当统筹利用现有基金支持革命老区山区县和条件相对落后的县（区）产业发展和转型升级，并对发展优势产业集群、全域旅游、现代特色农林业等方面重点予以规定，增强革命老区发展内生动力。

第五，关于公共服务保障。《条例（草案）》把解决好民生问题作为促进革命老区振兴发展的切入点，针对老区群众反映比较突出的公共服务问题，要求省人民政府应当加大财政转移支付、地方政府债券支持力度，推进革命老区基本公共服务优质均等化发展，补齐公共服务短板。同时，明确规定县级以上人民政府应当加大对革命老区的教育投入，推进公共图书馆、文化馆等公共设施建设，并加强革命老区卫生服务体系建设。

第六，关于生态环境保护。我省大多数革命老区集中分布在山区，山川秀美，资源丰富。《条例（草案）》坚持绿水青山就是金山银山的发展理念，在生态环境保护一章中明确规定："县级以上人民政府在革命老区振兴发展工作中应当加强生态环境保护，促进革命老区振兴发展和生态环境保护、民生保障相互协调。"同时，《条例（草案）》对革命老区遏制高耗能高排放项目发展、建立重点领域生态补偿制度等作出了规定。

第七，关于红色基因传承。习近平总书记在我省大别山革命老区视察时提出，要讲好革命故事，加强革命传统教育，把红色基因传承好，确保红色江山永不变色。为贯彻落实总书记的指示，在红色基因传承一章中对红色文化保护传承、革命博物馆等场馆建设、红色基因传承人制度等作出了规定。此外，充分发挥旅游业的辐射带动作用，对红色旅游发展、红色文化旅游村打造等作出规定，为革命老区振兴发展注入新动能。

第八，关于保障机制建立。建立健全长效的普惠扶持机制和精准的差别化扶持机制，是推动革命老区振兴发展的有力保障。在保障机制一章，一方面对加大革命老区财政转移支付力度、金融支持力度、用地保障、人才支撑等进行了规定；另一方面针对重点革命老区远离中心城市、地处深山区、经济发展相对滞后的问题，建立差别化的扶持机制：一是明确单列大别山革命老区振兴发展资金；二是在安排年度新增建设用地和项目时向重点革命老区倾斜；三是健全区域合作共建机制，统筹安排省内经济发达地区与重点革命老区通过产业共建，提升革命老区自我发展能力，具体办法由省人民政府制定。

以上说明和《条例（草案）》，请予审议。

关于《河南省革命老区振兴发展促进条例（草案）》审议修改情况的报告

——2021年7月27日在河南省第十三届人民代表大会常务委员会第二十六次会议上

河南省人大法制委员会副主任委员
河南省人大常委会法制工作委员会主任　　王新民

主任、各位副主任、秘书长、各位委员：

2021年5月，省十三届人大常委会第二十四次会议对《河南省革命老区振兴发展促进条例（草案）》（以下简称《条例（草案）》）进行了第一次审议。常委会组成人员认为，在庆祝党百年华诞的重要时刻，为促进革命老区振兴发展，出台《条例》是非常及时、也是非常必要的；同时，也提出了一些修改意见。

会后，法制委员会组织有关部门及专家学者，根据常委会组成人员的意见，对《条例（草案）》进行了逐条研究修改。之后，将《条例（草案）》印发各省辖市、部分县（市、区）人大常委会，省政府办公厅、省发改委、省财政厅等省直有关单位，省人大常委会基层立法联系点、立法基地等130多个部门和单位征求意见。6月下旬，赴太行重点革命老区深入开展立法调研，在安阳市召集太行革命老区县（区）以及市政府有关部门、市老促会有关领导同志参加的座谈会，到革命老区林州豫北八路军办事处实地调研，了解革命老区振兴发展中需要解决的问题。6月28日至29日，法制委员会会同省直有关部门、专家学者，林州市人大和林州市熟悉革命老区工作的同志，根据各方面意见，对《条例（草案）》再次进行研究修改。7月6日下午，法制委员会召开全体会议，对《条例（草案）》进行了逐条审议。7月20日，法制委员会将《条例（草案）》审议修改情况向主任会议作了汇报，主任会议决定提请常委会本次会议审议。现将审议修改中的主要问题报告如下：

一、关于重点革命老区概念问题。有的常委会组成人员提出，关于"重点革命老区"的规定贯穿了《条例（草案）》始终，但是将"重点革命老区"的概念界定放在附则，不是很明晰，建议顺序调整至总则第二条，更有利于对"重点革命老区"范围的理解和把握。法制委员会采纳了这一意见，将"重点革命老区"的概念调整至总则第二条作为第三款规定："本条例所称重点革命老区，是指纳入国家革命老区规划范围内的大别山革命老区、太行革命老区。"

二、关于革命老区振兴发展中的项目引领问题。有的常委会组成人员提出,应当充分发挥项目建设的引领作用。最近,省委也对项目引领提出了要求,要树立"项目为王"的鲜明导向,因此在革命老区振兴发展中,也要以项目建设为主动轮,推动更多项目落地革命老区,形成促进革命老区振兴发展的强大新动能。法制委员会采纳了这一意见,在第二十二条第一款增加规定:"推动大型项目、重点工程、新兴产业在符合条件的前提下优先向革命老区安排。建立革命老区重大项目审核绿色通道,加快核准审批进程。"

三、关于红色基因传承人的评选范围问题。有的常委会组成人员提出,红色基因传承人制度是《条例(草案)》的一大亮点,对弘扬老区精神、传承红色基因具有重要推动作用。但对红色基因传承人的评选范围规定过窄,建议评选范围更加宽泛,应当对所有红色基因传承做出突出贡献的单位和个人都予以评选表彰。法制委员会采纳了这一意见,将第三十八条第一款修改为:"建立革命老区红色基因传承人制度,定期评选表彰对红色基因传承做出突出贡献的单位和个人。"

此外,法制委员会根据常委会组成人员意见和各方面反馈意见,对《条例(草案)》还作了 40 多处文字和技术方面的修改,充分地吸收了大家所提意见。

法制委员会认为,根据常委会组成人员审议意见修改后的《条例(草案)》(审议修改稿),符合有关法律、法规规定和我省工作实际,建议常委会本次会议审议通过。

以上报告和《条例(草案)》(审议修改稿),请予审议。

关于《河南省革命老区振兴发展促进条例（草案）》审议结果的报告

——2021 年 7 月 30 日在河南省第十三届人民代表大会
常务委员会第二十六次会议上

河南省人大法制委员会副主任委员
河南省人大常委会法制工作委员会主任　　王新民

主任、各位副主任、秘书长、各位委员：

7 月 28 日下午，常委会本次会议分组审议了《河南省革命老区振兴发展促进条例（草案）》［以下简称《条例（草案）》］。常委会组成人员认为，在建党 100 周年之际出台条例恰逢其时、意义重大，《条例（草案）》基本成熟，同时也提出了一些修改意见。7 月 29 日下午，法制委员会召开会议，根据常委会组成人员的意见和有关法律、行政法规的规定，对《条例（草案）》进行了研究修改；省发展改革委、省老促会有关负责同志列席了会议。7 月 30 日上午，法制委员会将审议修改情况向主任会议作了汇报，主任会议决定提请常委会本次会议表决。

现将审议修改中的主要问题报告如下：

一、有的常委会组成人员建议，根据楼阳生书记关于加快构建现代产业体系的讲话精神，在第二十二条第一款"省人民政府应当支持革命老区"之后增加"提升传统产业、培育新兴产业、布局未来产业"的内容。法制委员会采纳了这一意见，将第二十二条第一款修改为："省人民政府应当支持革命老区提升传统产业、培育新兴产业、布局未来产业，建设食品加工、纺织服装、生物医药、节能环保装备、电子信息、新能源新材料、家居等特色优势产业集群，推动大型项目、重点工程、新兴产业在符合条件的前提下优先向革命老区安排。建立革命老区重大项目审核绿色通道，加快核准审批进程。"

二、有的常委会组成人员提出，第三十八条第一款规定了红色基因传承人制度，紧接着规定"定期评选表彰对红色基因传承做出突出贡献的单位和个人"不是一层意思，建议分为两款来表述，并恢复关于红色基因传承人的相关规定。法制委员会采纳了这一意见，将第三十八条第一款修改为："建立革命老区红色基因传承人制度。红色基因传承人从革命后代、家属和长期从事红色文化传播等人员中评选产生，负责革命老区红色文化传播、红色故事宣讲等工作。"第二款修改为："县级以上人民政府应当定期评选表彰对红色基因传承做出突出贡献的单位和个人。红色基因传承工作经费纳入县级以上人民政府财政预算。"

此外,根据常委会组成人员的意见,对《条例(草案)》还作了十多处文字和技术方面的修改。

法制委员会认为,根据常委会组成人员审议意见修改后的《条例(草案)》(表决稿),符合国家有关法律、行政法规规定和我省工作实际,建议常委会本次会议通过。

以上报告和《条例(草案)》(表决稿),请予审议。

为革命老区插上腾飞翅膀

——河南省人民政府新闻办公室就颁布
《河南省革命老区振兴发展促进条例》
举行新闻发布会答记者问

2021年9月16日,河南举行《河南省革命老区振兴发展促进条例》(以下简称《条例》)新闻发布会。会议由中共河南省委宣传部副部长、省政府新闻办公室主任方启雄主持,河南省人大常委会副主任李公乐、省人大常委会法工委主任王新民、省发展改革委副主任唐兴丽、省老区建设促进会常务副秘书长马恒心、商城县人民政府代县长鲁新建分别介绍和解读了《条例》相关情况,并回答记者提问。

中共河南省委宣传部副部长、省政府新闻办公室主任方启雄:

女士们、先生们,媒体界的朋友们:

大家上午好!欢迎出席河南省人民政府新闻办公室举行的新闻发布会。

以习近平同志为核心的党中央对革命老区振兴发展高度重视。2019年9月，习近平总书记在视察大别山革命老区时提出，要把革命老区建设得更好，让老区人民过上更好生活。

近期，省第十三届人大第二十六次会议审议通过了《河南省革命老区振兴发展促进条例》，这是我省认真贯彻习近平总书记"两个更好"重要指示，深入贯彻落实省委、省政府关于革命老区振兴发展重大决策部署，立足河南实际制定的一部重要法规。

为做好《条例》的宣传普及工作，及时回应群众关切，今天我们在这里举行新闻发布会，向大家介绍《条例》相关情况，并回答记者提问。

首先，我介绍一下出席今天发布会的发布人，他们是：

省人大常委会副主任李公乐先生；

省人大常委会法工委主任王新民先生；

省发展改革委副主任唐兴丽女士；

省老区建设促进会常务副秘书长马恒心先生；

商城县人民政府代县长鲁新建先生。

下面，请王新民先生介绍《条例》的制定过程和主要内容。

河南省人大常委会法工委主任王新民：

女士们、先生们，各位媒体界的朋友：

大家上午好！

下面，我向大家介绍一下《河南省革命老区振兴发展促进条例》（以下简称《条例》）的制定过程和主要内容。

一、《条例》的制定过程

为了贯彻落实习近平总书记"把革命老区建设得更好，让老区人民过上更好生活"指示精神和省委关于革命老区振兴发展的重大决策部署，省人大常委会第一时间将制定《条例》列入2021年度立法计划审议项目。在《条例》起草过程中，我们深入贯彻以人民为中心的发展思想，积极发展全过程人民民主，注重创新工作方法，坚持民主立法、开门立法，切实做到为老区人民谋利益，为老区建设谋发展。

一是成立起草工作专班。为加快立法进度，献礼党的百年华诞，2021年2月，省人大常委会牵头，组成了由省人大常委会办公厅、法工委、省发改委、省老促会等有关单位领导同志及相关专家学者共同参与的起草工作专班，多次召开会议，部署有关立法工作，专题研究立法中的重大问题。

二是广泛开展立法调研。3月上旬，起草专班赴福建、广东等已经出台条例的省，学习考察革命老区的立法经验。省内先后赴大别山、太行重点革命老区开展立法调研，多次召开座谈会听取对条例的意见，并进行实地考察，为立"管用之法"打下坚实基础。

三是深入听取老区意见。坚持在立法工作中走好党的群众路线，此次条例起草，我们深入革命老区一线，在商丘永城、信阳商城、安阳林州，与老区的干部群众一起面对面研究修改法规，充分了解老区群众所思所想、所忧所盼，将老区人民意志贯穿立法工作始终。

四是扎实开展研究论证。为确保财政支持的相关规定能够落到实处，今年5月我们与省财政厅召开专题论证会，对条例中关于配套资金、设立基金等规定进行研究和论证，力争使《条例》既符合法律法规和中央有关财政政策，又能为革命老区振兴发展提供最大的财力支持。

五是提高质量和效率。在《条例》制定过程中，我们坚持问题导向，提高政治站位，准确把握革命老区振兴发展的需求，从2月份启动起草工作，到5月份提请省人大常委会一审，再到7月份提请省人大常委会二审通过，仅用了5个月时间，先后在省内外开展专题调研20余次，召开专题座谈会10余次，专家论证会3次。此项立法工作重视程度高、征求意见广、成稿速度快，既是贯彻落实省委重大决策部署的具体体现，也是充分发挥人大立法主导作用的具体体现，彰显了省人大常委会"永远跟党走"的使命和担当，为建党100周年献礼。

二、《条例》的主要内容

《条例》共9章56条，分为总则、基础设施建设、产业发展促进、公共服务保障、生态环境保护、红色基因传承、保障监督机制、法律责任和附则。《条例》重点就以下几个方面作了规定：

第一，关于《条例》的适用范围。根据1979年经国务院批准印发的《关于免征革命老根据地社队企业工商所得税问题的通知》和《中共河南省委、河南省人民政府关于加快革命老区发展全面建设小康社会的意见》，《条例》在第二条明确："本条例所称革命老区，是指土地革命战争和抗日战争时期，在中国共产党领导下创建的革命根据地。"目前，我省革命老区县（市、区）共120多个，占全省县（市、区）总数的76%以上。由于我省革命老区覆盖范围比较广，部分革命老区经济社会发展已跻身全省前列，因此，《条例》在第二条第三款明确了重点革命老区的范围，在对革命老区振兴发展予以普惠促进的同时，对大别山、太行等纳入国家革命老区规划范围的革命老区在资金项目、基础设施、对口帮扶等方面给予更多倾斜。

第二，关于振兴发展机制。《条例》在第四条明确建立健全党委领导、政府负责、部门协同、社会参与和自我发展相结合的革命老区振兴发展机制。促进革命老区振兴发展，一是要坚持党委领导，将党委关于革命老区振兴发展的重大决策部署落实到具体的工作中；二是要政府负责，在第五条对县级以上人民政府的具体职责予以明确；三是要部门协同，在第六条明确了发展改革部门是革命老区振兴发展工作主管部门，其他有关部门按照职责分工做好相关工作；四是要社会参与，在第七条、第八条明确了老促会、国有企事业单位、社会力量等，共同推进革命老区振兴发展，形成支持老区发展的强大合力；五是要自我发展，在第九条明确了革命老区应当发挥自身优势和潜力，增强自我发展能力。

第三，关于基础设施建设。基础设施建设一章突出基础设施建设对革命老区振兴发展的支撑作用，提高革命老区基础设施均衡通达程度，重点对加强革命老区交通、能源、水利、通信等方面的基础设施建设予以规定。同时，明确规定省级财政应当逐步加大对革命老区转移支付支持力度，支持地方政府债券用于符合条件的公益性项目建设，支持革命老区干线铁路、高速公路、干线公路等重大项目建设。

第四，关于产业发展促进。推动革命老区经济高质量发展，必须牢牢把握产业发展这条主线，聚焦特色产业发展，着力推进产业转型升级，提高经济发展质量和效益。在产业发展促进一章中，明确了县级以上人民政府应当支持革命老区因地制宜发展特色优势产业，并对发展优势产业集群、全域旅游、现代特色农林业等方面重点予以规定，增强革命老区发展内生动力。同时，为了充分发挥项目建设的引领作用，按照省委树立"项目为王"的鲜明导向，明确规定推动大型项目、重点工程、新兴产业在符合条件的前提下优先向革命老区安排；建立革命老区重大项目审核绿色通道，加快核准审批进程。

第五，关于公共服务保障。《条例》把解决好民生问题作为促进革命老区振兴发展的切入点，针对老区群众反映比较突出的公共服务问题，要求省人民政府应当加大财政转移支付力度，支持地方政府债券用于符合条件的公益性项目建设，推进革命老区基本公共服务优质均等化发展。同时，明确规定县级以上人民政府应当加大对革命老区的教育投入，推进公共图书馆、文化馆等公共设施建设。

第六，关于生态环境保护。我省大多数革命老区集中分布在山区，山川秀美，资源丰富。《条例》坚持绿水青山就是金山银山的发展理念，在生态环境保护一章中明确规定县级以上人民政府在革命老区振兴发展工作中应当加强生态环境保护，促进革命老区振兴发展和生态环境保护、民生保障相互协调。同时，《条例》对革命老区遏制高耗能、高排放项目违规发展，建立重点领域生态补偿制度等作了规定。

第七，关于红色基因传承。习近平总书记在我省大别山革命老区视察时提出，要讲好革命故事，加强革命传统教育，把红色基因传承好，确保红色江山永不变色。为贯彻落实总书记的指示，在红色基因传承一章中对红色文化保护传承、革命博物馆等场馆建设、红色基因传承人制度等方面作了规定。此外，充分发挥旅游业的辐射带动作用，对红色旅游发展、红色文化旅游村打造等方面作了规定，为革命老区振兴发展注入新动能。

第八，关于保障监督机制建立。建立健全长效的普惠扶持机制和精准的差别化扶持机制，是推动革命老区振兴发展的有力保障。在保障监督机制一章，一方面对加大革命老区财政转移支付力度、金融支持力度、用地保障、人才支撑等方面进行了规定；另一方面针对重点革命老区远离中心城市、地处深山区、经济发展相对滞后的问题，建立差别化的扶持机制：一是明确单列大别山和太行革命老区振兴发展资金；二是在安排年度新增建设用地计划指标和土地整治、生态修复等项目时向重点革命老区倾斜；三是健全区域合作共建机制，统筹安排省内经济发达地区与重点革命老区通过产业共建，提升革命老区自我发展能力，具体办法由省人民政府制定。

以上介绍了《条例》的制定过程和主要内容，希望对大家更好、更准确地理解宣传《条例》有所帮助。

谢谢！

方启雄：

谢谢王新民主任。下面，请李公乐先生作主发布。

河南省人大常委会副主任李公乐：

女士们、先生们，各位媒体界的朋友：

今年7月30日，《河南省革命老区振兴发展促进条例》经河南省第十三届人民代表大会常务委员会第二十六次会议审议通过，自2021年10月1日起正式施行。在庆祝党的百年华诞的重要时刻颁布《条例》，对深入贯彻落实习近平总书记"把革命老区建设得更好，让老区人民过上更好生活"重要指示精神，推动革命老区振兴发展走上法治化轨道，具有十分重要的政治意义和现实意义。今天，我们在这里召开新闻发布会，目的是为了更好地推动全社会认真学习贯彻《条例》。刚才，省人大常委会法工委主任王新民同志向大家介绍了《条例》的起草过程及主要内容，下面我就贯彻实施好《条例》谈三点意见。

一、充分认识制定《条例》的重要意义

革命老区是党和人民军队的根，是共和国的摇篮。

河南省地处中原，战略地理位置重要，革命根据地较多。革命战争期间，全省老区人民在党的领导下，为争取革命胜利，迎接共和国诞生作了巨大贡献，付出巨大牺牲。河南先后走出著名的红四方面军、红二十五军和红二十八军，大别山创造了"28年红旗不倒"的革命奇迹，素有"小延安"之称的竹沟地区早在1926年就建立了党组织，河南先后涌现出彭雪枫、陈先瑞、杨靖宇等一大批英雄人物，徐向前、刘少奇、邓小平、刘伯承、李先念、张劲夫、陈毅等党和国家领导人先后在这片红色热土上工作战斗过。因此，在中国共产党百年华诞之际，为了铭记革命老区作出的牺牲和贡献，发扬革命老区的光荣传统，通过制定《条例》促进革命老区振兴发展，让革命老区人民过上更好生活，具有十分重要的意义。

第一，制定《条例》是贯彻落实习近平总书记"两个更好"重要讲话精神的迫切需要。党的十八大以来，以习近平同志为核心的党中央高度重视革命老区工作，对革命老区扶贫开发、振兴发展等作出一系列重大部署。2019年9月，习近平总书记在我省大别山革命老区视察时强调，我们绝不能忘记革命先烈，绝不能忘记老区人民，要把革命老区建设得更好，让老区人民过上更好生活。为了贯彻落实习近平总书记重要讲话精神，尽快制定一部我省促进革命老区振兴发展的地方性法规，是非常必要的。

第二,制定《条例》是贯彻落实省委促进革命老区振兴发展重大决策部署的迫切需要。省委一直对我省革命老区振兴发展工作高度重视。为落实习近平总书记重要讲话精神,去年5月,省委、省政府联合印发了《关于贯彻落实习近平总书记视察河南重要讲话精神支持河南大别山革命老区加快振兴发展的若干意见》。为落实省委关于促进我省革命老区振兴发展的重大决策部署,将省委的决策部署变为全省人民的共同意志,制定一部推动革命老区振兴发展的地方性法规也是十分必要的。

第三,制定《条例》是解决我省革命老区振兴发展中存在问题的迫切需要。近年来,我省革命老区建设取得了巨大成就,但由于自然及历史等因素影响,部分革命老区经济发展仍然比较落后,亟待加大扶持力度。同时,在革命老区工作中还存在落实支持革命老区振兴发展政策不够到位、基础设施和公共服务不够完善、保障措施不够有力等问题,有必要通过制定《条例》,支持革命老区在乡村振兴的新发展阶段,经济社会发展再上新台阶。

二、准确把握制定《条例》的指导思想

深刻理解、准确把握制定《条例》的指导思想,是做好宣传贯彻实施工作的必要前提。总体上讲,《条例》

体现了以下指导思想：

一是坚持政治引领。坚持党对立法工作的领导，是立法工作的重大政治原则，也是做好立法工作的根本保证。《条例》的制定，充分体现了我省地方立法工作能够自觉同党的基本理论、基本路线、基本方略对标对表，同党中央重大决策部署对标对表，同总书记关于革命老区的重要指示精神对标对表，确保了以习近平同志为核心的党中央路线方针政策和决策部署在立法工作中得到全面贯彻落实。

二是以人民为中心。《条例》制定过程中，始终坚持科学立法、民主立法、依法立法，广泛听取人民群众的意见建议，在书面、网络征求意见的基础上，先后赴大别山、太行重点革命老区和永城、商城、林州等基层立法联系点开展实地调研，与革命老区的干部群众面对面研究起草《条例》，积极将全过程人民民主贯穿于地方立法工作。

三是突出地方特色。紧密结合地方实际是地方立法的生命和灵魂。河南有着光荣的革命传统和丰富的红色资源，以大别山精神为代表的红色革命精神，是中国共产党薪火相传红色基因谱系的重要组成部分。为了弘扬老区精神、传承红色基因，《条例》创造性地设立红色基因传承人制度，红色基因传承人从革命后代、家属和长期从事红色文化传播等人员中评选产生,负责革命老区红色文化传播、红色故事宣讲等工作。

四是注重可操作性。《条例》着力推动解决革命老区振兴发展的短板问题,规定了具体可操作的财政支持、人才支持、土地金融优惠等内容,如加大转移支付力度支持重大公益性项目建设;对革命老区特色优势产业予以重点支持;同时,规定要健全区域合作共建机制,统筹安排省内经济发达地区与重点革命老区通过产业共建,提升革命老区自我发展能力,并明确要求省人民政府制定具体政策措施。

三、切实做好《条例》的宣传贯彻实施工作

"造法易,执行难"。法律的生命力和权威性在于实施,立法的作用要通过实施才能得到充分的体现。我们现在的主要任务就是要花大力气,做好《条例》的学习宣传和贯彻实施工作。

一是认真组织学习宣传。学习宣传好《条例》,是贯彻实施《条例》的重要保障,是基础性工作。全省各地要采取多种行之有效的方式,广泛宣传《条例》,让《条例》做到家喻户晓、深入人心。全省各级政府及有关部门要准确理解和掌握《条例》内容,扎实推动革命老区振兴发展。报刊、广播、电视等新闻媒体和网络等新媒体要积极主动地做好宣传配合,提高社会各界对《条例》

的知晓度和认知度，凝聚各方力量关注老区、支持老区、参与老区建设。

二是全面推进贯彻实施。《条例》覆盖范围广、涉及部门多、涵盖内容全，需要各相关部门和单位的通力配合。各级政府要切实加强领导，把贯彻落实《条例》作为推动本地区革命老区振兴发展的一项重要工作来抓，督促相关部门依法履行职能，各司其责，互相配合，形成工作合力，共同推进《条例》的贯彻实施。省政府要结合实际，制定出与《条例》相配套的具体措施或规定，把《条例》中的资金扶持、产业发展、人才保障、基础设施建设等相关规定真正落到实处。各地各有关部门要抓紧完善相关政策，建立健全革命老区振兴发展长效机制、财政投入增长机制、人才引进激励机制、对口帮扶机制等，使《条例》的一些原则规定具体化。

三是大力加强监督检查。强化法律监督，保证法律、法规的贯彻实施，是地方各级人大及其常委会的重要职责。各级人大常委会要重视和加强对《条例》实施情况的监督，有针对性地对老区振兴发展促进工作组织开展执法检查，适时听取关于《条例》执行情况的报告，对检查中发现的问题，要及时指出，并督促政府及有关部门依法处理，切实加大监督力度，增强监督实效。

女士们、先生们，新闻媒体界的记者朋友们，《条例》的颁布施行，为我省革命老区振兴发展提供了强有力的保障。我们相信，在全省各级人大、政府的重视下，各有关部门通力合作，全社会共同参与，一定能够把《条例》学习好、宣传好、贯彻好，用法治方式和法治力量推动河南省革命老区振兴发展，为谱写新时代中原更加出彩的绚丽篇章贡献力量！谢谢大家！

方启雄：

谢谢李公乐主任！接下来，请媒体界的朋友就本场发布会的相关内容进行提问，按照惯例，提问前请先通报一下所在的新闻机构。

人民网记者：

《条例》的出台，对于推进我省革命老区加快振兴发展意义重大。请问，发展改革部门在推动《条例》贯彻落实方面，有哪些重点考虑和具体安排？谢谢！

河南省发展改革委副主任唐兴丽：

各位记者朋友，大家好！感谢大家长期以来对革命老区振兴发展工作的关心、关注和支持！省发展改革委作为全省革命老区振兴发展工作主管部门，将切实履行自身职责，会同省有关单位和地市，把宣传学习和贯彻落实《条例》作为今后一个时期的重要任务，具体抓好以下几个方面工作。

一是认真组织宣传培训。《条例》为我省老区工作提供了坚实的法制保障，让老区工作有法可依。我们将会同各级各部门认真学习领会《条例》精神实质，通过门户网站、宣传手册"线上＋线下"相结合等多种形式，进行全方位、多渠道宣传解读，提高《条例》的知晓率，为《条例》施行营造良好的舆论氛围。同时，适时组织专题培训、联合调研等，加强业务指导和工作交流，不断提高各级业务骨干理论水平和工作能力，促进和推动工作落实。

二是细化分解重点任务。我们将依据《条例》中相关条款，结合贯彻落实《河南省人民政府关于新时代支持革命老区振兴发展的实施意见》，将重点工作和举措分类纳入革命老区重点任务和重大事项"两个清单"；制定印发《贯彻落实〈条例〉分工方案》，明确责任单位，将每一项条款变为具体的支持政策和工作举措，让这部精心编制的法规真正落到实处、取得实效。

三是加强资金项目支持。我们将聚焦老区发展短板和实际需求，推动资金、政策、项目等资源要素向革命老区倾斜，进一步增强老区市县民生保障和发展支撑。坚持大抓项目、抓大项目，不断提升项目质量，多措并举促进项目增量，滚动建立"三个一批"重点项目库，加快推进京港台高铁阜阳（经潢川）至黄冈段、沿大别山高速、淮河内河航运、袁湾水库等重点项目实施，以高质量项目建设助推高质量发展。

四是加快推动产业发展。产业是发展的根基,只有产业振兴才能促进老区全面振兴。我们将充分发挥老区资源禀赋,因地制宜打造特色优势产业,推动形成"红、绿、特"互促互进、相得益彰的发展新局面。发挥开发区主战场作用,推进优化开发区建设,加快培育食品加工千亿级产业集群和装备制造、轻纺服装、建材家居等500亿级产业集群,不断壮大革命老区经济实力。加强生态建设与经济社会协调发展,创成一批全国全域旅游示范区,将绿色优势、生态优势不断转化为产业优势、发展优势。

五是保护和传承好红色资源。我们将加强老区红色资源保护利用,加大革命历史类纪念设施、英雄烈士纪念设施和革命旧址、遗址等设施保护支持力度,加快实施鄂豫皖苏区首府革命博物馆和确山竹沟革命纪念馆等改造提升,积极推进长征国家文化公园(河南段)建设。不断挖掘红色文化资源,抓好大别山精神研究和创造性转化,推出高质量红色文艺产品和各具特色的宣传活动,打造全国知名的红色文化传承区。

六是进一步提升整体工作合力。我们将发挥好省大别山革命老区振兴发展工作领导小组办公室职责,统筹全省革命老区振兴发展相关工作,健全省市县三级联动工作机制，协调推进工作落实。会同省委组织部推动省直有关单位加快落实对口帮扶大别山革命老区县（区、市）机制。加强与鄂豫皖三省政协联席会议、各级老促会等的对接，动员各方力量关注老区、支持老区、参与老区建设，凝聚老区振兴发展的强大合力。

全省各级发展改革部门将以《条例》施行为契机，以"两个更好"重大要求为根本遵循，积极主动履责，敢于担当作为，以强烈的责任心和使命感，切实把《条例》规定的各项制度、要求落到实处，加快推动革命老区振兴发展，不断提升老区人民群众获得感、幸福感和安全感，为谱写新时代中原更加出彩绚丽篇章做出新贡献！谢谢！

中新社记者：

我们注意到，《条例》强调在革命老区振兴发展中，应充分发挥各级老区建设促进会党政高参、推动发展的作用。请介绍一下，目前河南革命老区以及重点老区的相关情况。另外，各级老促会将如何发挥职能作用来推动革命老区振兴发展？谢谢！

河南省老区建设促进会常务副秘书长马恒心：

感谢这位记者朋友的提问。河南是全国革命老区较多的省份之一。全省有120多个县（市、区）有革命老区，占全省县（市、区）总数的76%以上。全省革命老区人口5565万,占全省人口总数的56%。全省革命老区土地面积10.4万平方公里,占全省土地面积的62%。在历次革命战争中,在中国共产党领导下,全省革命老区为了民族独立、人民解放作出了突出贡献,彭雪枫、陈锦秀、叶成焕和赵伊坪等河南人民的优秀儿女,为驱逐日寇、争取民族解放而献出了宝贵生命,为我们省留下了不朽的红色精神。

大别山革命老区和太行革命老区是重点革命老区。大别山革命老区涵盖我省信阳市、驻马店市全境和南阳市的桐柏、唐河共22个县(区),其中信阳全区是大别山革命老区的重要组成部分。大别山是一片充满红色记忆的土地。从1921年中国共产党诞生到1949年新中国成立,大别山先后走出著名的红四方面军、红二十五军和红二十八军。大别山军民在党的领导下,革命斗争不断,革命火种不灭,创造了"二十八年红旗不倒"的奇迹,形成了"大别山精神",为中国革命作出了重要的历史贡献。太行革命老区,是八路军依托400余公里太行山脉创立的抗日根据地,在我省主要是豫北地区。该区人民将数十万优秀儿女送往八路军和人民解放军行列,有许多同志血洒疆场,为国捐躯。在革命战争岁月里,豫北人民踊跃支援前线,作出了重要的贡献。有许多老一辈无产阶级革命家在我省革命老区战斗和工作过。革命前辈在创建革命根据地的斗争中表现出的艰苦奋斗、不怕牺牲的精神，是我们永远传承的红色基因。

下面，我回答你的第二个问题。习近平总书记指出，老促会是以离退休老同志为主体组织起来的一支特殊队伍，既是各级党政的高参，又是一支实干的力量，起着其他社会力量所无法取代的作用。全省各级党委、政府对老促会工作大力支持，赋予了老促会深入调查研究、反映老区呼声、弘扬老区精神、促进老区建设等多项职能，要求发挥各级老促会的作用，以往中央和省委有关文件，都明确强调过，这次又把相关要求写进了《条例》。今后，全省各级老促会将紧紧围绕贯彻落实《条例》精神，重点采取以下措施。

一是结合工作实际，组织全省各级老促会认真学习、准确领会《条例》精神，充分认识做好革命老区工作的重要性，增强做好革命老区工作的自觉性、责任感。

二是按照《条例》要求，围绕支持助推革命老区振兴发展主题，开展调查研究，广泛听取革命老区干部群众振兴发展的想法要求愿望，根据各地革命老区存在的困难问题和解决思路提出意见建议，供党委、政府决策参考。省老促会一直坚持调查研究。全省各级老促会多年来深入老区实际，曾先后向党委、政府提交数百个调研报告，得到了党委、政府的肯定，有不少意见建议已经进入决策层面。今年的调研正在进行。

三是充分利用省老区建设基金会等社会公益平台，动员组织社会力量，汇集爱心企业和爱心人士，采用多种方式帮助革命老区人民排忧解难，更多更好地为革命老区人民办实事、做好事。省老促会每年都联系省教育厅、爱心企业、爱心人士等开展对老区家庭特别困难的大学新生进行捐资帮助，已经先后捐助过4700名大学新生。同时还坚持采取多形式、多渠道帮助革命老区人民解决各种困难，受到革命老区人民好评。

四是按照《条例》要求，持续开展弘扬老区精神、传承红色基因的有关活动。通过各种渠道，联合有关新闻媒体，加大对革命老区宣传力度；继续认真搞好"革命老区县发展史"丛书的编纂出版工作；挖掘整理革命老区红色历史，积极推进红色遗址的修缮和保护，充分发挥红色文化的示范教育和传承作用。继续联合中国老促会、省委党史研究室开展遴选明确传承红色基因示范基地活动，推动革命老区精神代代相传。

《条例》即将正式施行，为我省革命老区的振兴发展提供了法治保障。各级老促会将认真学习贯彻执行习近平总书记关于革命老区的一系列重要论述，不忘初心，牢记使命，按照条例要求，充分发挥积极作用，为促进老区建设作出新的更大的贡献。

感谢新闻媒体界朋友对革命老区的关爱支持!

《河南日报》记者:

《条例》强调,要立足红色文化和绿色生态资源,打造红色旅游景区和线路。商城县是重点革命老区县,红色文化底蕴深厚。请问,商城县今后如何发挥红色资源优势,做好文旅融合发展?谢谢!

商城县人民政府代县长鲁新建:

谢谢你的提问!商城县确实有着十分厚重的红色历史,在这块红色热土上,曾经爆发了著名的商城起义,诞生了经典红色革命歌曲《八月桂花遍地开》,商城县曾经有十万英雄儿女参加革命,牺牲者多达8万人,可以说是"山山埋忠骨,岭岭皆丰碑"。这里爆发了河南省第一次成功的武装起义,组建了河南省第一支工农红军(中国工农红军第十一军第三十二师),建立了河南省第一个县级苏维埃政权(赤城县苏维埃政府),开辟了河南省第一块革命根据地(豫东南革命根据地),是红军解放的河南第一座县城。

在今后的工作中,我们将进一步贯彻落实习近平总书记"把红色资源利用好,把红色传统发扬好,把红色基因传承好"及讲好"四个故事"的要求,从"三个新"上做好文旅融合发展。

一是做好新规划。通过抓规划设计,推动红色文旅融合。发挥好规划的引领作用，先谋而后动，做好全域旅游新发展规划的修编，对红色旅游专项规划进一步完善，编制实施城区革命文物集中连片保护利用规划。

二是讲好新故事。加强商城红色文化资源挖掘整理，推出一批研究成果。讲好"八月桂花遍地开""商城起义""金刚台妇女排""抗日英雄赵崇德"等红色故事，全面展现大别山（商城）红色革命历史。举办红色主题节庆、赛事、展览活动，推进红色文化传承创新，提升红色文化传播水平，提高商城红色文化知名度和影响力。

三是实施新项目。树立"项目为王"的理念，通过实施新项目激活红色文化资源。正在实施的红色小镇项目，就是通过"党校主体办学＋红色教育基地"的资源整合模式，全链条构建商城特色红色"资源库"。正在谋划的长征国家文化公园项目，争取纳入国家、省重大项目库。进一步加强对红四军建军纪念地、刘邓大军前方指挥所等系列革命旧址遗址进行修缮保护，巩固提升红色基因库建设。

我们将通过打造一批红色教育基地、培育一批红色文艺精品路线、开发一批红色特色文创产品，让红色旅游在商城更激荡人心，让红色精神代代相传。谢谢！

方启雄：

感谢记者朋友们的提问以及几位发布人的翔实回答！

今天的现场提问就到这里,如果记者朋友们还有其他关注的问题需要进一步了解的,可以在发布会结束后,与省人大常委会法工委联系,进行深入采访。

大家知道,革命老区是党和人民的根,是人民群众选择中国共产党的历史见证。推动革命老区振兴发展,对于巩固拓展脱贫攻坚成果,逐步实现共同富裕,有着十分重要的意义。希望各位新闻媒体界的朋友能够持续关注和支持我省革命老区的振兴发展,全方位做好宣传报道和政策解读,积极展示革命老区发展的崭新面貌,努力营造全社会关心、支持、参与革命老区振兴发展的浓厚氛围!

今天的新闻发布会就到这里,谢谢各位发布人!谢谢媒体界的朋友们!再见!